BEI GRIN MACHT SICH IHR
WISSEN BEZAHLT

- Wir veröffentlichen Ihre Hausarbeit,
  Bachelor- und Masterarbeit

- Ihr eigenes eBook und Buch -
  weltweit in allen wichtigen Shops

- Verdienen Sie an jedem Verkauf

Jetzt bei www.GRIN.com hochladen
und kostenlos publizieren

Bibliografische Information der Deutschen Nationalbibliothek:

Die Deutsche Bibliothek verzeichnet diese Publikation in der Deutschen National-
bibliografie; detaillierte bibliografische Daten sind im Internet über http://dnb.d-
nb.de/ abrufbar.

Impressum:

Copyright © 2017 GRIN Verlag
Druck und Bindung: Books on Demand GmbH, Norderstedt Germany
ISBN: 9783668627970

Dieses Buch bei GRIN:

https://www.grin.com/document/388322

Thomas Kellenberger

Betriebliche Wertschöpfung. Einsendaufgaben zu Materialwirtschaft, Logistik und Umweltmanagement

GRIN Verlag

GRIN - Your knowledge has value

Der GRIN Verlag publiziert seit 1998 wissenschaftliche Arbeiten von Studenten, Hochschullehrern und anderen Akademikern als eBook und gedrucktes Buch. Die Verlagswebsite www.grin.com ist die ideale Plattform zur Veröffentlichung von Hausarbeiten, Abschlussarbeiten, wissenschaftlichen Aufsätzen, Dissertationen und Fachbüchern.

Besuchen Sie uns im Internet:

http://www.grin.com/

http://www.facebook.com/grincom

http://www.twitter.com/grin_com

12.09.2017

Betriebliche Wertschöpfung

Einsendeaufgabe – Alternative C

Kellenberger, Thomas

Studiengang: Betriebwirtschaft und Management

Inhaltsverzeichnis

1. Aufgabe C1

Materialwirtschaft und Logistik

Die Materialwirtschaft (auch Warenwirtschaft genannt) beschäftigt sich mit der Verwaltung, Planung und Steuerung des Materialflusses in einem Unternehmen sowie zwischen dem Unternehmen und seiner Umwelt. Dabei geht es um zeitliche, mengenmäßige, qualitative und auch räumliche Planung und Steuerung der Materialbewegungen. Koordiniert wird der Warenfluss zwischen Lieferanten, Kunden, der Produktion und den Lager. In produzierenden Unternehmen übernimmt die Warenwirtschaft die Versorgung mit Roh-, Hilfs- und Betriebsstoffen, Zulieferteilen, Halbfabrikaten wie auch die Versorgung mit indirekten Gütern wie Ersatzteilen oder Serviceleistungen.[1]

Die Logistik ist ein wichtiger Teilbereich der Materialwirtschaft, welcher sich als selbständiger Aufgabenbereich etabliert hat. Laut Hartmann versteht man unter Logistik „alle Prozesse, die der Raumüberwindung und Zeitüberbrückung sowie deren Steuerung und Regelung dienen".[2]

1.1 Aufgaben der Materialwirtschaft

Zu den wichtigsten Hauptaufgaben der Materialwirtschaft zählen:[3]

- Materialdisposition
- Materialeinkauf
- Materialbevorratung
- Materialentsorgung

---

[1] Vgl. Kluck, D. 2014, S. 11ff.
[2] Hartmann, H: 1993. S.23
[3] Vgl. Amely, T./ Krickhahn, T. 2009, S.58

Die **Materialdisposition** umfasst die Materialbedarfsplanung, Materialbeschaffungsplanung, Materialbeschaffung und Lagerhaltungsplanung.[4] Nach Vorlage der Daten des aktuellen Produktionsprogrammes werden die Menge, Art und der Zeitpunkt des benötigten Materials ermittelt. Mit Hilfe von detaillierten Stücklisten kann die Bedarfsplanung erfolgen. Bei der Bedarfsermittlung kann es zwischen den Abteilungen zu Konflikten kommen. Der Vertrieb möchte den Kunden jederzeit bedienen können, die Beschaffungsabteilung ist an die Größe der Lager gebunden und bestrebt, die Anzahl der Lieferanten, und das zu beschaffende Material zu begrenzen. Eine optimale Beschaffungsplanung sollte so kostengünstig wie möglich die Materialien in der richtigen Menge, Qualität, zum richtigen Zeitpunkt und Ort zur Verfügung stellen. Die wichtigsten Entscheidungen bei der Materialbeschaffungsplanung sind die Wahl der Beschaffungsart und die Wahl des passenden Lagerhaltungsmodells.

Der **Materialeinkauf** umfasst alle strategischen und operativen Tätigkeiten zur Beschaffung von Waren, Werkstoffen, Betriebsmitteln und Dienstleistungen.[5] Ziel des Einkaufs ist es, die Sicherstellung der Versorgung und die Optimierung des Preis-, Leistungsverhältnisses der zu beschaffenden Objekte. Der Einkauf hat die Hauptaufgabe den Beschaffungsmarkt zu sondieren um die benötigte Ware bereitstellen zu können. Die Mitarbeiter der Einkaufsabteilungen sollten, aufgrund der stetigen Entwicklung der Technik, rechtzeitig über Neuerungen informiert und geschult werden. Durch die Globalisierung der Beschaffungsmärkte ist es erforderlich die Qualifikation des Einkäufers zu verändern. Kenntnis des kulturellen Hintergrunds, sowie Beherrschung der fremden Sprache sind wichtige Voraussetzungen um erfolgreich auf dem Weltmarkt agieren zu können. Die Abteilung Einkauf übernimmt wichtige Aufgaben im Unternehmen wie Überprüfung der benötigten Mengen, Einholung von Angeboten, Vergleich der Angebote bzw. die Auswahl eines oder mehreren Lieferanten. Wichtig ist dabei die Angebotseinholung zu standardisieren um diese vergleichbar zu machen. Bei den Angeboten aus dem Ausland fallen andere Kosten an als bei einem inländischen Lieferanten. Zu berücksichtigen wären hier Transportkosten vom Zollhafen bis ans Werkstor und Zollgebühren wie aufwendigere Verpackungen. Der Beschaffungsabschluss wird durch Verhandlungen und durch Erteilung der Bestellung abgeschlossen.

---

[4] Vgl. Kluck, D. 2014, S. 13
[5] Vgl. Kluck, D. 2014, S. 14

Die **Materialbevorratung** ist eine logistische Aufgabe, um die zeitlichen und mengenmäßigen Schwankungen zwischen Beschaffungsmarkt und Produktion ausgleichen zu können. Eine gezielte Materialbevorratung kann die materialwirtschaftstechnisch bedingte Verknappung auf dem Weltmarkt auffangen und den Betrieben gewissen Handlungsspielraum verschaffen. Es stellt sich immer die Frage, wie groß die Lager dimensioniert werden müssen um die Schwankungen auffangen zu können. Die Warenannahme und Materialprüfung sind stark mit der Materialbevorratung verknüpft. Hat der Lieferant seinen Fertigungsprozess gut im Griff, werden qualitativ hochwertige Waren geliefert und die Materialprüfung kann zügig erfolgen. Schwankt die Qualität der gelieferten Ware stark, wird zu viel Ware geliefert oder auch unbestellte Ware, kann es schnell zu Lagerproblemen wegen fehlender Lagerfläche kommen. Die Entscheidung über Art und Weise der Materialbevorratung sind langfristiger Natur. Das richtige Lagerkonzept ist immer abhängig vom zu fertigenden Produkt, der Stückzahl, den Lieferanten (klein, mittel oder große Unternehmen), Schwankung der Absatzmärkten usw.[6]

Die **Materialentsorgung** umfasst alle Tätigkeiten zur Vermeidung, Verwertung oder Beseitigung von überschüssigem Material, Ausschuss und Abfall. Die Materialentsorgung ist der Teilbereich der Materialwirtschaft, welcher in Zukunft am Stärksten wächst.

Entsorgung und Recycling sind sowohl aus produktionsorientierter als auch aus marketingtechnischer Sicht für Unternehmen von großem Interesse. Durch Recyclingkonzepte werden bereits vor der Entwicklung die Materialien auf Wiedergewinnung und umweltgerechte Entsorgung ausgewählt. Eine große Rolle spielt die Rücklieferung und Wiederrückführung von verbrauchten und ausgedienten Produkten. In Zukunft werden Naturprodukte interessanter für die Wirtschaft, wie z.B. Hanf und Flachs da diese Produkte umweltgerecht zu entsorgen sind. Hier entwickelt sich ein riesiges Aufgabengebiet der Materialwirtschaft, das gleichzeitig sehr komplexe Systemanforderungen stellt.[7]

---

[6] Vgl. Kluck, D. 2014 S. 14f.
[7] Vgl. Kluck, D. 2014 S. 15

1.2 Aufgaben der Logistik

Zwischen den Aufgaben der Materialwirtschaft und Logistik gibt es eine enge Verflechtung. Logistik ist nach Jünemann, die wissenschaftliche Lehre der Planung, Steuerung und Überwachung der Material-, Energie- und Informationsflüsse in Systemen; Unternehmenslogistik ist demnach die Lehre der Planung, Steuerung und Überwachung der Material-, Personen-, Energie- und Informationsflüsse in Unternehmen.[8]

Die Aufgabenbereiche der Logistik bestehen darin die Materialien und Produkte[9]

- in der richtigen Menge,
- als richtige Objekte (Güter, Informationen, z.T. Personen und Energie),
- am richtigen Ort,
- zum richtigen Zeitpunkt,
- in der richtigen Qualität,
- zu den richtigen Kosten

zur Verfügung zu stellen. Diese Aufgaben werden auch als die 6 R umschrieben.

Die 6 R drücken die Ziele logistischen Denkens und Handelns aus. Bei der Logistik geht es nicht nur um reine Transportaufgaben oder um Minimierung der Transportkosten, sondern um ganzheitliche Planung, Steuerung und Überwachung logistischer Systeme. Damit sind Aufgaben verbunden, die sich durch folgende Aktivitäten auszeichnen:[10]

- Auftragsabwicklung (Form der Auftragsübermittlung, Form der Auftragsbearbeitung, Weiterleitung der Auftragsinformation),
- Lagerhaltung (Anzahl der zu lagernden Artikel, Bestandsmanagement, Bedarfsprognose),
- Lagerhaus (Kauf oder Miete, Anzahl Standorte, Kapazitäten, Lagermethode, Organisation der Kommissionierung, Gestaltung Transportvorgänge),

---

[8] Vgl. Jünemann, R.: 1989, S. 11
[9] Vgl. Jünemann, R.: 1989, S. 18
[10] Vgl. Pfohl, H.: 1995, S. 10

- Transport (Art der Transportmittel, Kauf oder Miete der Transportmittel, Organisation der Transportabwicklung),
- Verpackung (logistische Funktionen der Verpackung wie Schutz-, Lager-, Transport-, Manipulations- und Informationsfunktion, Bildung logistischer Einheiten).

In wesentlichen Inhalten ist eine Überschneidung bei den Aufgaben der Materialwirtschaft und Logistik zu erkennen. Man folgt dem Weg des Produktes und leitet daraus die einzelnen Logistikanforderungen ab.

Die Logistik wird, aufgrund ihres großen Tätigkeitsfeldes unterteilt in:[11]

- Beschaffungslogistik
- Transportlogistik
- Lagerlogistik
- Produktionslogistik
- Auftragsabwicklung/Distributionslogistik
- Entsorgungslogistik

Die **Beschaffungslogistik** übernimmt alle Tätigkeiten im Zusammenhang mit dem Materialfluss und Informationsfluss vom Beschaffungsmarkt, bis ins Lager oder bis in die Produktion.[12]

Dazu gehören folgende Aufgaben:

- Festlegung der Anlieferungsart, des Ortes und der Zeit
- Planung, Steuerung und Überwachung der Transportprozesse und der Auftragsabwicklung
- Minimierung der Transportkosten
- Durchführung der Qualitätskontrolle
- Sicherstellung der Versorgung

Bei der **Transportlogistik** geht es um die Auswahl der passenden Transportmittel und um die Gestaltung des Materialflusses.

Die **Lagerlogistik** ist zuständig für die Lagergebäude, Lagerverwaltung und Fördertechnik. Hier werden Themen entschieden über den Standort und Organisation

---

[11] Vgl. Huber, A. / Laverentz, K.: 2012, S. 10
[12] Vgl. Kluck, D. 2014, S. 84f.

der Lager. Die wirtschaftlichen Transportmöglichkeiten und die optimalen Lager-
und Kommissionier-Systeme müssen gefunden werden. Hinzu kommen die optimale
Dimensionierung der Lagerleistung und die Bestandsführung im jeweiligen Lager.[13]

Die **Produktionslogistik** übernimmt die Vorbereitung und Planung der Material-
und Produktabläufen. Dazu zählen alle Tätigkeiten im Zusammenhang mit dem
Material- und Informationsfluss von Roh-, Hilfs- und Betriebsstoffen vom
Rohmateriallager bis zur Fertigung sowie von Halbfabrikaten einschließlich aller
Zwischenlagerungen bis hin zum Endproduktlager.[14]

Die logistischen Aufgaben sind:

- Produktionsorganisation
- Produktionsprogrammplanung
- Auftragsterminierung und Kapazitätsplanung
- Planung und Steuerung der Produktion

Die **Distributionslogistik** übernimmt die Bedarfsermittlung und ist zuständig für die
physische Verbringung der Fertigerzeugnisse. Übernommen werden alle Tätigkeiten
im Zusammenhang mit dem Warenfluss vom Fertigwarenlager zum Absatzmarkt.
Geplant wird der Weg des Produktes vom Hersteller bis zum Kunden, entweder über
Auslieferungslager oder Direktlieferungen.[15]

Die **Entsorgungslogistik** ist verantwortlich für die Verwertung und Entsorgung von
Abfallstoffen, Ausschuss und überschüssigem Material. Dazu zählen Sammlung,
getrennte Lagerung, Verwaltung, Disposition und bei verwertbaren Materialien die
Rückführung in den Produktionsprozess.[16]

Im Logistikbereich spielt die Technik und Informatik eine sehr große Rolle. Die
Technik ermöglicht den Materialtransport vom Hersteller bis hin zum Kunden. Sie
unterliegt einem ständigen Wandel durch die Messgrößen, Kosten, Zeit und diversen
gesetzlichen Auflagen. Hinzu kommt die ständig wachsende Bedeutung der
Informationsverarbeitung. Zu jedem Materialfluss gehören auch detaillierte
Informationen, welche den Materialfluss begleiten, ihm vorauseilen oder nachfolgen.

---

[13] Vgl. Kluck, D. 2014, S. 103
[14] Vgl. Kluck, D. 2014, S. 81
[15] Vgl. Kluck, D. 2014, S. 82
[16] Vgl. Kluck, D. 2014, S. 82

Mit der Informationstechnik ist ein Unternehmen in der Lage sämtliche Teilbereiche und Abteilungen zu verbinden. Dies schafft Transparenz, Flexibilität und Aktualität. Früher waren Speditionen reine Transportunternehmen, heute haben sich viele zu moderne Logistik-Dienstleistern entwickelt. Neben dem Transport werden Auslandrouten geplant, Leerfahrten koordiniert, diverse Lagerfunktionen übernommen und Zollformalitäten erledigt.

1.3 Beispiel Holzwurm AG

Die Holzwurm AG ist spezialisiert auf die Fertigung und den Vertrieb von Tischen aus edlen Holzarten. Behandelt werden die Hauptaufgaben Materialdisposition, Materialeinkauf, Materialbevorratung und Materialentsorgung.

Die **Materialdisposition** umfasst die Bestandsrechnung, die Beschaffungs- und Bestellrechnung, die Ermittlung der Bedarfsgegenstände, der Bedarfsmengen und der Bedarfstermine.

Wir gehen davon aus, dass die Holzwurm AG ein größeres Unternehmen mit genügend Lagerkapazität ist. Nach Eingang der Bestellungen wird zuerst der Bestand ermittelt und anschließend der Bedarfsmenge. Die Zusammenarbeit zwischen den Abteilungen Planung, Fertigung und Lager ist dabei sehr wichtig. Stücklisten über die benötigten Roh-, Hilfs- und Betriebsstoffe müssen erstellt werden. Die benötigten Maschinen zur Durchführung der Fertigung müssen betriebsbereit sein. Die Bedarfsgegenstände müssen ermittelt werden. Gibt es das edle Holz auf Lager kann die Produktion recht schnell starten. Muss das Holz bestellt werden und können die Liefertermine eingehalten werden? Eine enge Zusammenarbeit zwischen Materialdisposition und Fertigung ist dabei sehr wichtig.

Der **Materialeinkauf** hat die Aufgabe den Beschaffungsmarkt zu bearbeiten um die benötigten Materialien bereitstellen zu können. Primäre Aufgabe des Einkaufs ist es, die Mengenangaben zu überprüfen, Angebote einzuholen, zu vergleichen und die Auswahl der Lieferanten zu treffen. Der Beschaffungsvorgang wird durch Abschlussverhandlungen und der Bestellerteilung beendet.

Der Einkauf bei Holzwurm AG sollte soweit geschult sein und die Lieferanten von edlem Holz auf dem Markt kennen. Angebote werden von in- und ausländischen Firmen angefordert. Standardisierte Angebote bieten dabei eine bessere Vergleichsgrundlage. Die eingehenden Angebote werden vom Einkauf geprüft. Eine große Rolle spielt die Qualität des Holzes, das Preis-Leistungsverhältnis, der Bekanntheitsgrad des Lieferanten und der Liefertermin. Mit ausgewählten Lieferanten erfolgen noch Nachverhandlungen. Der Einkauf beendet seine Tätigkeit durch Bestellung des Holzes.

Die **Materialbevorratung** gleicht die zeitlichen und mengenmäßigen Schwankungen zwischen Beschaffungsmarkt und Produktion aus. In unserem Beispiel werden die Materialien in großen Mengen gelagert. Dadurch hat die Holzwurm AG die Möglichkeit beim Einkauf der Materialien bessere Preise zu erzielen. Die Größe der Lagerkapazität spielt hier eine entscheidende Rolle. Die Kunden können so schneller beliefert werden und man ist weniger von Lieferterminen oder Lieferengpässen abhängig.

Die **Materialentsorgung** beschäftigt sich mit dem recyceln von überschüssigem Material, Abfall und Ausschuss. In der Fertigung der Holzwurm AG fällt auch Abfall an, wie z. B Holzspäne und Altholz von der Bearbeitung der Tische. Holz ist ein nachwachsender Rohstoff der besonders umweltfreundlich ist. Nach der Altholzverordnung wird zwischen Industrieholz und Gebrauchtholz unterschieden. Industrieholz sind anfallende Holzreste aus Betrieben der Holzbearbeitung und Holzverarbeitung. Gebrauchtholz sind gebrauchte Erzeugnisse aus Massivholz, Holzwerkstoffen oder aus Verbundstoffen mit über 50% Holzanteil. Die Möglichkeiten zur Verwertung von Holzabfällen und -resten werden stark durch deren Gehalt an Störstoffen und Holzschutzmitteln begrenzt. Reines Holz kann kostengünstiger entsorgt werden als vorbehandeltes Holz. Bei der Holzwurm AG kann das Altholz nach Holzsorten getrennt und an die Abnehmer zur Aufbereitung weitergegeben werden. Aus unbehandeltem Holz entsteht das Ausgangsmaterial für Spanplatten. Durch die Fertigung fallen Holzspäne an, sowie lackiertes oder behandeltes Holz. Diese können an Biomasseheizkraftwerke geliefert werden, zur Gewinnung von Fernwärme und Kraftstrom. Vielleicht wäre es auch sinnvoll, die Holzabfälle und Reste in einem kleinen, eigenen Bioheizkraftwerk zu recyceln und die Energie im eigenen Betrieb zu nutzen.

2. Aufgabe C2

Entsorgungslogistik und Recycling

2.1 Definition

Zur Entsorgungslogistik gehören alle Tätigkeiten zur Verwertung von Abfallprodukten, Ausschuss, überschüssigem Material, überalterten Fertigwarenbeständen und auch der Materialien die recycelt werden müssen. Wichtig dabei ist die getrennte Lagerung, Verwaltung, die Disposition und bei verwertbaren Materialien die Rückführung in den Produktionsprozess.[17] Ziel der Entsorgungslogistik ist es, sich im Bereich der Distributionslogistik einzuordnen, da die Aufgabengebiete viele Parallelen aufweisen. Damit die Entsorgungslogistik dem Gedanken des Umweltschutzes und auch der Kostensenkung gerecht werden kann, muss diese im Sinne einer Systemgestaltung optimiert werden. Allgemein versteht man unter Recycling die Wiederverwertung bzw. Wiederverwendung von Produkten in gleicher oder geänderter Form. Die Entsorgungslogistik übernimmt wichtige Aufgaben in einem Unternehmen und umfasst eine detaillierte Planung, Steuerung und Überwachung der Entsorgungsgegenstände. Der Aufbau der Kreislaufwirtschaft macht es notwendig, die Funktionen nicht getrennt zu betrachten, sondern im Sinne einer Systemgestaltung zu optimieren.[18]

2.2 Aufgaben und Ziele der Entsorgungslogistik

Zu den Aufgaben der Entsorgungslogistik gehören:[19]

- Entsorgung von Abfallprodukten oder benutzter zurückgegebener Produkte;
- Recycling von Abfallstoffen und Produkten;
- Beachtung/Kontrolle gesetzgeberischer Auflagen;
- Mengenplanung, Kostenplanung;

---

[17] Vgl. Kluck, D. 2014, S. 101
[18] Vgl. http://wirtschaftslexikon.gabler.de/Definition/entsorgungslogistik.html
[19] Vgl. Kluck, D. 2014, S. 100

- Planung und Steuerung von Material-/Informationsströme;
- Kreislaufwirtschaft installieren;
- Umweltgesichtspunkte und Kostengesichtspunkte (Betriebs-volkswirtschaftliche) beachten;
- Entsorgungsfunktion lösen (Lagertechnik, Transporttechnik, Aufbereitung);
- Möglichkeiten der Weiterverwendung, Wiederverwendung und Weiterverwertung betreiben;
- Produktgestaltung aktiv beeinflussen (Verpackung, Rohstoffe, Bauteile);
- Produktionsverfahren verändern, um Abfallprodukte, Emissionen etc. zu vermeiden.

Die Entwicklung der Entsorgungswirtschaft ist stark vom Kreislaufwirtschaftsgesetz definiert. Dadurch werden in Zukunft die Abfallströme zur Beseitigung wie z.b. die Müllverbrennung und Deponierung zurückgehen und die Recyclingmengen zur Verwertung ansteigen.[20]

Hauptziel der Entsorgungslogistik ist die verstärkte Rückführung und Wiederverwertung ausgedienter Produkte. Stetig wachsende Müllberge, immer mehr Sondermüll, gesetzliche Auflagen und der ökonomische Wert der Abfallprodukte führen zur Entstehung entsorgungslogistischer Strukturen.[21]

2.3 Verschiedene Recyclingformen

Innerhalb der Entsorgungslogistik lassen sich folgende Recyclingformen unterscheiden:

- Abfallvermeidung/-reduzierung
- Abfallverwendung
- Abfallverwertung
- Abfallbeseitigung

Unter **Abfallvermeidung** werden alle Vorkehrungen und Maßnahmen verstanden, die der stofflichen Verwertung, dem Recycling vorausgehen und dazu dienen, die

---

[20] Vgl. Kluck, D. 2014, S. 101
[21] Vgl. Kluck, D. 2014, S. 100

Menge des anfallenden Abfalls zu reduzieren. Wichtig ist, von Anfang an Einfluss auf die Entwicklung und Konstruktion von Produkten zu nehmen, damit recycelbare Materialien zur Verwendung kommen oder die Produkte so konstruiert werden,

dass diese einfach demontiert und die eingebauten Materialien verwertet werden können. Jede Privatperson und jedes Unternehmen sollte bestrebt sein den anfallenden Abfall, soweit als möglich, zu reduzieren um Mensch, Tier und Umwelt zu schonen. Zum Beispiel: der Einsatz von Mehrwegflaschen anstelle von Plastikflaschen; Reparatur von elektrischen bzw. elektronischen Geräten; Bioabfall als Dünger nutzen; Spende gebrauchter Kleidung, Schuhe oder Haushaltsgeräte; Gartengeräte welche eher selten zum Einsatz kommen mit dem Nachbarn teilen; usw.

Bei der **Abfallverwendung** unterscheiden wir zwischen der Abfallweiterverwendung und der Abfallwiederverwendung. In der VDI-Richtlinie 2243 sind die beiden Grundbegriffe folgendermaßen definiert:

„Wiederverwendung: Erneute Nutzung in **derselben Funktion** unter Beibehaltung der Produktgestalt.

Weiterverwendung: Erneute Nutzung in **anderer Funktion** unter Beibehaltung der Produktgestalt."[22]

Abfallweiterverwendung ist das Prinzip, Aufwand und Material einzusparen, indem eine an einer Stelle nicht mehr benötigte Sache, an anderer Stelle benutzt werden kann. Durch diese Vorgehensweise erspart man die Vernichtung einer nicht mehr benötigten Sache und die Erstellung einer neuen Sache. Das gleiche Produkt erhält eine andere Funktion bei gleicher Form. Dazu gehören z.B. intakte Mauerziegelsteine werden als Randbegrenzung im Garten benutzt, ein restaurierter Dachbalken wird zum Bau einer Theke benutzt, alte Autoreifen werden auf einem Spielplatz eingesetzt oder in der Landwirtschaft usw.[23]

Bei der **Abfallwiederverwendung** wird das gebrauchte Produkt erneut für den gleichen Verwendungszweck eingesetzt. Dadurch wird die Lebensdauer der Erzeugnisse verlängert. Die Wiederverwendung dient der Abfallvermeidung, im

---

[22] Vgl. https://www.vdi.de/2243
[23] Vgl. Kluck, D. 2014, S. 101

Sinne der europäischen Abfallrahmenrichtlinie. Diese ist laut Gesetz so definiert: „Wiederverwendung im Sinne dieses Gesetzes ist jedes Verfahren, bei dem Erzeugnisse oder Bestandteile, die keine Abfälle sind, wieder für denselben Zweck verwendet werden, für den sie ursprünglich bestimmt waren."[24]

Beispiel: alte, intakte Mauersteine werden erneut verbaut, ein nicht mehr gebrauchter PKW wird verkauft, Marmeladengläser werden wieder benutzt, alte Bücher werden verschenkt usw. Bei der Abfallverwertung unterscheiden wir auch zwischen Wiederverwertung und Weiterverwertung.

Bei der **Weiterverwertung** werden die verbrauchten Produkte in einer anderen Form weiterverwendet, d.h. es ändert sich die Produktform und der Gebrauchszweck. Durch Weiterverwertung entstehen Produkte mit neuen, bzw. anderen Eigenschaften und / oder anderer Gestalt, sogenannte Sekundärwerkstoffe.

Beispiel: Textilabfälle welche als Putzwolle Verwendung finden, Einsatz ölhaltiger Produkte als Brennstoff , Ziegelsplitt wird zu Pflanzensubstrat sowie Verbrennung und Kompostierung.

Bei der **energetischen oder thermischen Verwertung** werden Abfälle mit hohem Heizwert als Ersatz für herkömmliche Energieträger zur Strom- und Wärmeerzeugung eingesetzt. Diese Abfälle werden als Ersatzbrennstoffe bezeichnet. Sie ersetzen fossile Energieträger und tragen dadurch zur Ressourcenschonung bei. Moderne Umwelttechniken sorgen dabei für eine optimale Verbrennung der Ersatzbrennstoffe und einer Abgasreinigung nach gesetzlichen Vorgaben oder darüber hinaus. So können umweltbeeinträchtigende Schadstoffemissionen wirksam verhindert werden.[25]

Beispiele hierfür wäre die Verwertung von Restmüll, Lebensmittel oder Verpackungsabfälle.

Durch die **Wiederverwertung** kommen Altstoffe und Produktionsabfälle, wie Hilfs- und Betriebsstoffe in einem gleichartigen wie dem bereits durchlaufenen Produktionsprozess zum Einsatz. Bei der Wiederverwertung wird die Produktform aufgelöst, es entstehen aus den Ausgangsstoffen weitgehend gleichwertige Werkstoffe.

---

[24] KrWG (idF.V.24. Februar 2012) §3, (21)
[25] Vgl. lubw.baden-württemberg.de

Beispiele hierfür: Chemisches Recycling von Kunststoff, zur Gewinnung des Materialausgangsstoffes, Sammeln von Altpapier und Glas, Metallschrott, Elektronikschrott usw.

Zur **Abfallentsorgung** gehören alle Tätigkeiten und Methoden, welche mit der Vernichtung und Beseitigung von Abfällen in Verbindung stehen. Da es sich bei den Abfällen in der Regel um problematische Stoffe handelt, die bei unsachgemäßer Handhabung die Umwelt gefährden können, ist die Abfallentsorgung durch zahlreiche nationale und internationale Gesetze und Verordnungen geregelt. (Zum Beispiel: die Abfallverbringungs-Verordnung, das Kreislaufwirtschafts- und Abfallgesetz und die Nachweisverordnung.) Die Abfallentsorgung wird von Entsorgungsunternehmen durchgeführt, welche sich entweder in privater oder in öffentlicher Hand befinden (z.B. Einsammeln und befördern von Abfällen, Verbrennung in Müllverbrennungs-anlangen, Ablagerung auf Mülldeponien).[26]

3. Aufgabe C3

Flexibilität durch Technologieeinsatz

„Flexibilität wird im globalen Wettbewerb immer wichtiger. Viele Kunden erwarten kurze Lieferzeiten bei hoher Termintreue und die Fähigkeit, Produkte kurzfristig an ihre individuellen Wünsche anpassen zu können. In Industrieunternehmen wird daher neben entsprechenden organisatorischen Lösungen der Einsatz flexibilitätsfördernder Technologien, als eine wesentliche Voraussetzung für eine wandlungsfähige Produktion wichtiger."[27]

---

[26] Vgl. http://wirtschaftslexikon.gabler.de/Definition/abfallentsorgung.html
[27] Kleine, O. et.al.: Flexibilität durch Technologieeinsatz? Nutzung und Erfolgswirkung flexibilitätsfördernder Technologien. Mitteilungen aus der ISI-Erhebung zur Modernisierung der Produktion. Fraunhofer-Institut für System- und Innovationsforschung ISI, PI-Mitteilung Nr. 44. Karlsruhe Dezember 2007

3.1 Verschiedene Technologien

Flexibilität bedeutet nicht nur flexibel auf die Wünsche der Kunden zu reagieren, sondern durch adäquate Planung und Steuerung die Wandlungsfähigkeit der gesamten Produktion zu gewährleisten. Diese Komplexität an Aufgaben ist nur mit adäquatem Technologieeinsatz zu bewältigen.

Technologische Konzepte

- Produktionsplanungs- und Steuerungssysteme (PPS)
- Enterprise Resource Planning System (ERP)
- Supply Chain Management (SCM)
- Computer Aided Manufactoring (CAM)
- Industrie-Roboter (IR)

Produktionsplanungs- und Steuerungssysteme (PPS)

Das PPS-System ist ein computergesteuertes Produktionsplanungs- und Steuerungssystem, welches zur optimalen Planung und Steuerung der Bereiche Produktion und Materialwirtschaft in einem Industriebetrieb eingesetzt wird.[28] Ziel der PPS ist die wirtschaftliche Nutzung der Betriebsmittel, Realisierung kurzer Durchlaufzeiten, das Einhalten optimaler Lagerbestandswerten, sowie Termineinhaltung der Produktion.[29] Genutzt wird dieses Konzept überwiegend in Industriebetrieben mit mechanischer Fertigung in den Branchen Maschinenbau und Elektroindustrie. In Klein- und Mittelbetrieben wird PPS aufgrund der hohen Kosten noch relativ wenig genutzt. Wird ein PPS in ein ERP-System integriert, kann zusätzlich die Planung der finanziellen und personellen Ressourcen des Betriebes erfolgen.

Enterprise Resource Planning System (ERP)

ERP ist ein Computerprogramm zur rechtzeitigen und bedarfsgerechten Planung und Steuerung von Ressourcen wie Kapital, Personal, Betriebsmittel, Material-, Informations- und Kommunikationstechnik, IT-Systemen deren Funktionsumfang auch andere Teilbereiche wie z.B. Vertrieb, Human Resources, Finanzen/Controlling

---

[28] Vgl. http://www.wirtschaftslexikon24.com/d/produktionsplanungs-und-steuerungssysteme/produktionsplanungs-und-steuerungssysteme.htm
[29] Vgl. Kleine, O. / Kinkel, S. / Jäger, A.: 2007, S. 3

etc. umfasst. „Ziel ist unter anderem, einen Produktionsplan zu erstellen, der zu minimalen Durchlaufzeiten bei maximaler Kapazitätsauslastung führt."[30]

Supply Chain Management (SCM)

SCM ist ein System, das alle Flüsse von Rohstoffen, Bauteilen, Halbfertig- und Endprodukten sowie Informationen entlang der Lieferkette vom Rohstofflieferanten bis zum Endkunden umfasst.[31] Das Ziel ist die Ressourcenoptimierung aller beteiligten Unternehmen. SCM ist eine organisatorische Tätigkeit welche innerhalb des Unternehmens dem Logistik- und Produktionsbereich zuzuordnen ist. Durch SCM-Systeme werden Dispositionsdaten zwischen den Unternehmen ausgetauscht und in die entsprechenden PPS/ERP-Systeme integriert mit dem Ziel, die Kapazitätsauslastung und Liefertreue zu verbessern.[32]

Computer Aided Manufactoring (CAM)

Im Bereich der Fertigung ist der Einsatz flexibler Technologien notwendig, um die mit Hilfe von PPS- und SCM-Systemen ermittelten Produktionsplänen umsetzen zu können. Wichtig dabei der Einsatz von rechnergestützten Maschinen und Anlagen im Rahmen von Computer Aided Manufactoring (CAM), sowie der Einsatz von Roboter. Der Einsatz von CAM-Systemen bezieht „sich auf die direkte Steuerung von Arbeitsmaschinen, verfahrenstechnischen Anlagen, Handhabungsgeräten sowie auf das Transport- und Lagersystem."[33]

Ziel ist es schnell auf Produkt- und Prozessveränderung reagieren zu können, so dass trotz hoher Produktflexibilität eine geringe Durchlaufzeit mit hoher Kapazitätsauslastung erreicht werden kann.

Industrieroboter und Handhabungssysteme (IR)

Nach Definition der VDI-Richtlinie 2860 sind Industrieroboter universell einsetzbare Bewegungsautomaten mit mehreren Achsen, deren Bewegungen hinsichtlich Bewegungsfolge und Wegen bzw. Winkel frei (d. h. ohne mechanischen Eingriff) programmierbar und ggf. sensorgeführt sind. Sie sind mit Greifern, Werkzeugen oder

---

[30] Kleine, O. / Kinkel, S. /Jäger, A.: 2007,S.3
[31] Vgl. http://wirtschaftslexikon.gabler.de/Definition/supply-chain-management-scm.html
[32] Vgl. Kleine, O./ Kinkel, S. / Jäger, A.: 2007, S. 3
[33] Vgl. Prof. Dr. Jean-Paul Thommen, Managementorientierte Betriebswirtschaftslehre S. 330 Z. 25 – 28

anderen Fertigungsmitteln ausrüstbar und können Handhabungs- und/oder Fertigungsaufgaben ausführen.

3.2 Zusammenfassung der Studie

Zielsetzung der Studie

In dieser Studie werden vier technologische Konzepte untersucht, die exemplarisch jeweils für verschiedene informationstechnischen Ebenen in der Produktion stehen, auf Basis der ISI-Erhebung Modernisierung der Produktion 2006 und im Rahmen der BMBF-Studie „Wandlungsfähige Produktionssysteme" auf folgende Fragen:

- Wie wirken sich die ausgewählten Technologien auf relevante, betriebliche Flexibilitätsgrößen aus?
- Decken sich die Erfolgspotenziale mit den von den Betrieben verfolgten Zahlen?
- Wie häufig und wie intensiv werden diese Technologien genutzt?
- Welche Rückschlüsse lassen die gewonnenen Erkenntnisse auf die weitere Verbreitung und notwendige Entwicklung zu?

um den Nutzen und die Erfolgswirkung flexibilitätsfördernder Technologien zu ermitteln.

Vorgehensweise der Studie

Das Erreichen bestimmter Technologieziele kann durch adäquaten Technologieeinsatz unterstützt werden. Die Studie geht zuerst auf die Flexibilitätsziele ein, die durch Technologieeinsatz unterstützt werden können. Da Flexibilität nur schwer zu quantifizieren ist, werden zur Abschätzung der Erfolgswirkung konkrete Flexibilitätsgrößen herangezogen. In der Studie werden die Technologien kurz beschrieben und anschließend auf ihre Erfolgswirkung untersucht. Anschließend wird die Verbreitung der untersuchten Technologien betrachtet. Welche Betriebe nutzen häufig diese Technologien oder welche Betriebe verschenken Flexibilitätspotential.

Ergebnisse der Studie

Diese Studie führt zu folgendem Ergebnis:

PPS-Systeme sind heute als Module in sogenannten Enterprise-Resource-Planning Systemen integriert. Sie finden die breiteste Anwendung in den Unternehmen. Laut Studie benutzen bereits 65 Prozent der Betriebe diese Systeme.

Der Einsatz von PPS-Systemen wirkt sich positiv auf die Kapazitätsauslastung aus, die Termintreue verschlechtert sich aber. Bemängelt wird hier die unzureichende Rückmeldung und Abstimmung von Sekundärbedarf- und Kapazitätsplanung auf die Zeitplanung. Der Kapazitätsbedarf wird oft auf Basis von geschätzten, mittleren Durchlaufzeiten ermittelt, welche nicht den tatsächlichen Durchlaufzeiten in der Fertigung entsprechen. Ohne entsprechende Rückkopplung der Daten ins PPS-System werden die ursprünglichen Produktionspläne oft nutzlos und führen zu Verzögerung in der Fertigung. Selbst heute stellt noch die adäquate Terminplanung ein Problem für PPS/ERP Systeme dar.

Laut der Studie werden **SCM-Systeme** nur von einem Drittel der Betriebe eingesetzt. Der Einsatz von SCM-Systemen zeigt einen positiven und statistisch signifikanten Einfluss auf die Termintreue. Diese Systeme scheinen den Anspruch ein eine Verbesserung der Effizienz und Reaktionsgeschwindigkeit zu erfüllen und all dies durch einen schnellen und reibungslosen Informationsaustausch. In Bezug auf die Kapazitätsauslastung zeigen diese Systeme keine Effekte. SCM-Systeme stellen eine wichtige Datenschnittstelle zu externen Lieferanten her. Die Verbreitung von SCM-Systemen in der stückgutproduzierenden Industrie wird in den nächsten Jahren eine dynamische Entwicklung erfahren. Flexibilität bedeutet hier die Wertschöpfungskette „just in time" zu beherrschen. Trotz komplexer Verflechtungen, schlanker Lager soll mit diesem System eine hohe Termintreue erreicht werden. Oft können Unternehmen, entweder aus wirtschaftlichen oder aus technischen Gründen dieses System nicht einführen. Es wird vermutet, dass sich die Verbreitung von SCM-Systemen in den nächsten Jahren dynamisch steigen wird.

CAM-Konzepte haben mit 63 Prozent einen ähnlichen Verbreitungsgrad wie PPS-Systeme. Die Studie hat ergeben, dass der Einsatz von CAM-Systemen, ähnlich wie bei PPS-Systemen, zu einer Verschlechterung der Termintreue führt, während es keine Effekte auf den Grad der Kapazitätsauslastung zu geben scheint.

Der negative Effekt auf die Termintreue ist nicht plausibel. Die Einhaltung der Termintreue ist von einer verlässlichen Planung sowie von geeigneten, organisatorischen Strukturen abhängig, auf die die CAM-Systeme als solche keine Auswirkung haben. Untersucht man die Betriebe, die keine Anwendungsmöglichkeit von CAM sehen stellt man fest, dass es sich überwiegend um Hersteller von einfachen bzw. komplexen Produkten handelt. Unternehmen mit Produkten mittlerer Komplexität sind eher bereit CAM-Systeme einzuführen und sehen die informationstechnische Unterstützung rechnergesteuerter Maschinen und Anlagen als Vorteil einer komplexen Fertigung.

Industrieroboter sind flexibel anwendbare Automatisierungssysteme und Anlagen welche zur Reduzierung der Durchlaufzeiten bei gleichzeitig hohen Flexibilitätsanforderungen eingesetzt werden können.

IR-Systeme sind ein optimales Mittel zur Reduzierung der Durchlaufzeiten bei gleichzeitig hoher Flexibilitätsanforderung an die Automatisierung. Benutzer dieser Technologie in der Fertigung weisen eine deutlich höhere Liefertreue auf als die anderen Unternehmen, scheinen sich aber nicht zu eignen, die Kapazitätsauslastung zu erhöhen. Um dies zu erreichen, wäre der Einsatz entsprechender IT-Systeme sowie die Unterstützung durch geeignete Organisationsprinzipien entscheidend.

IR-Systeme werden laut Studie mit 35 Prozent wesentlich seltener als PPS- oder CAM-Systeme genutzt, sowie auch mit erheblich geringerer Intensität. Diese Technologie nimmt sowohl in der Häufigkeit zu, als auch in der Intensität, in Betrieben mit steigender Seriengröße der hergestellten Produkte. Der Technologieeinsatz und seine Planung hängt weniger von dem tatsächlich erreichbaren als von den vermuteten Erfolgswirkungen ab. Ein flexibilitätsorientierter Betrieb wird die Entscheidung über den Einsatz von Technologien davon abhängig machen, ob er eine positive Wirkung auf die von ihm verfolgten Flexibilitätsziele vermutet. Die Unternehmen betrachten offensichtlich den Technologieeinsatz nicht als primäre Lösung zur Erreichung einer hohen Produktflexibilität, sondern machen dieses Ziel von anderen Faktoren abhängig. In diesem Zusammenhang scheinen organisatorische Konzepte eine eher gewichtigere Rolle zu spielen, als die hier angesprochenen Technologien.[34]

---

[34] Vgl. Mitteilungen aus der ISI-Erhebung Nr. 42

3.3   Fazit

Flexibilität wird im globalen Wettbewerb immer wichtiger. Viele Kunden erwarten kurze Lieferzeiten bei hoher Termintreue und die Fähigkeit, Produkte kurzfristig an ihre individuellen Wünsche anpassen zu können. In den Industriebetrieben wird daher der Einsatz flexibilitätsfördernder Technologien für eine wandlungsfähige Produktion immer wichtiger.[35]

Die höchsten Flexibilitätspotentiale eröffnen die Industrieroboter und insbesondere die SCM-Systeme. Gerade SCM-Systeme sind eine wichtige Schnittstelle des Unternehmens in der Wertschöpfkette, zur Verbesserung der Liefertreue.

Die Unternehmen haben diese Vorteile erkannt und setzen vermehrt solche Technologien zur Erreichung dieses Zieles ein. Auch PPS/ERP und CAM werden von den Betrieben eingesetzt um die Liefertreue zu verbessern. Um durch den Einsatz von PPS/ERP-Systemen das Ziel zu erreichen, besteht sowohl ein Informations- als auch Unterstützungsbedarf seitens der Technologiebereitsteller.

Technologische Konzepte alleine sind keine Lösung bei der Erreichung höherer Flexibilität oder Wandlungsfähigkeit. Dazu gehören immer entsprechende organisatorische Konzepte. Organisatorische statt technische Konzepte können manchmal die bessere Alternative sein. Vielfach kann es sinnvoller sein, eine günstigere Kombination von Basistechnologie und flexibler, organisatorischer Ausgestaltung zu konzipieren, da die mächtigen Technologien auch einen hohen Planungsaufwand erfordern.

In den produzierenden Betrieben sind dennoch alle vier betrachteten Technologien, wichtige Bestandteile eines ganzheitlichen und integrativen Produktionsplanungs- und Steuerungssystems. Die hohe Verbreitung von PPS/ERP und CAM ist positiv zu beurteilen. Kritisch zu sehen ist die noch niedrige Verbreitung von SCM-Systemen, da diese als logistische und informatorische Schnittstelle des Unternehmens zu seiner externen Umwelt gelten. Diese Fremddaten sind eine wichtige Voraussetzung zur Verbesserung der Planungsgrundlage von PPS/ERP-Systemen.

---

[35] Kleine, O. / Kinkel, S. / Jäger, A.: 2007, S.11

Eine aktive Bereitstellung geeigneter Lösungen für Klein- und Mittelserienfertigungsbetrieben wäre sehr wichtig. Die Entwicklung und Verbreitung von IR-Systemen wäre auch für diese Betriebe sinnvoll. Das Fehlen von wirtschaftlich vorteilhaften und technisch flexiblen Lösungen ist sicherlich der Grund für die etwas verhaltene Entwicklung bei kleinen und mittelgroßen Betrieben. Somit ist auch in diesem Bereich Handlungsbedarf gegeben, da flexible Automatisierungslösungen zu einer wichtigen Voraussetzung zur Verbesserung der zentralen und strategischen Wettbewerbsfaktoren, der deutschen Industrie werden könnten.

4. Aufgabe C4

Umweltmanagement der BMW Group

4.1   Definition von Umweltschutz

Umweltschutz (umgangssprachlich auch Ökologie genannt) bezeichnet die Gesamtheit aller Maßnahmen zum Schutze der Umwelt mit dem Ziel der Erhaltung der natürlichen Lebensgrundlage aller Lebewesen mit einem funktionierenden Naturhaushalt. Gegebenenfalls sollen durch den Menschen verursachte Beeinträchtigungen oder Schäden behoben werden. Das Augenmerk des Umweltschutzes liegt dabei sowohl auf einzelnen Teilbereichen der Umwelt (wie Boden, Wasser, Luft, Klima), als auch auf den Wechselwirkungen zwischen ihnen.[36]

4.2   BMW Group Umweltmanagement

Bei der BMW Group hat Umweltschutz höchste Priorität. Man ist der Überzeugung, dass durch nachhaltiges Wirtschaften die Zukunft des Unternehmens gesichert werden kann. Bereits Anfang der siebziger Jahre wurden Umweltschutzbeauftragte eingesetzt und seither verbessert sich die Umweltbilanz kontinuierlich.

---

[36] https://de.wikipedia.org/wiki/Umweltschutz

Die BWM Group hat sich zum Ziel gesetzt, nachhaltiges Wirtschaften in der gesamten Wertschöpfungskette zu verankern und so Mehrwert für Unternehmen, Umwelt und Gesellschaft zu schaffen. Das Umweltmanagement ist Teil des Nachhaltigkeitsengagements. Die BMW Group verbessert systematisch weltweit ihr Produktionsnetzwerk und die Ressourcen-Effizienz.

Das Unternehmen senkt im Herstellungsprozess konsequent und systematisch den Ressourcenverbrauch. Monatlich werden die umweltrelevanten Berichtsdaten erhoben: Energie- und Wasserverbrauch, Prozessabwasser, Lösungsmittelemissionen und Abfall zur Beseitigung.

4.3 Ziele der BMW Group

Die festgelegten Ziele der BMW Group sind Grundlage des Handelns im gesamten Konzern. Verantwortung zu übernehmen ist eine Aufforderung an alle Mitarbeiter und alle Beteiligte. Ökologische Schwachstellen zu erkennen und Lösungen engagiert einzusetzen, wird nicht nur von den Mitarbeitern, sondern auch von externen Partnern wie Auftraggeber, Zulieferer und Vertragspartner vorausgesetzt.[37]

Ziele BMW Group

- **Verantwortungsvoller und effizienter Umgang mit Energie und Ressourcen zur nachhaltigen Sicherung unserer Umwelt**

  Alle Unternehmen der BMW Group orientieren sich an der BMW AG unterzeichneten internationalen Umweltcharta (ICC Charta für eine nachhaltige Entwicklung) und an den Grundsätzen der Agenda 21.

- **Übernahme der Umweltverpflichtung und -verantwortung durch jeden Geschäftsbereich**

  Die Führungskräfte übernehmen eine besondere Verantwortung bei der Umsetzung der Umweltleitlinien. Wichtige Aufgabe der Führungskräfte ist die Motivation der Mitarbeiter und selber als Vorbild, bei der Umsetzung der Leitlinien dienen.

---

[37] Vgl. Umweltleitlinien der BMW Group, S. 7

- **Verantwortungsbewusste Durchführung**

Durch regelmäßige Überprüfung der durchgeführten Umweltmaßnahmen, können stetig weitere Verbesserungen vorgenommen werden. Grundlage des Handelns sind Gesetze, Verordnungen und Umweltnormen.

- **Konzernweiter Umweltschutz**

Angemessene technische und wirtschaftliche Möglichkeiten müssen bereits bei der Entwicklung, Konstruktion, Produktion und Betrieb von Anlagen genutzt werden, um Energie und Ressourcen zu schonen und die Belastungen der Umwelt zu minimieren. Beim Einsatz neuer technischen Anlagen und Verfahren sollte bereits im Vorfeld, die Umweltverträglichkeit in die Entscheidung mit einfließen. Ziel ist es entsprechend der ICC Charta, „der sparsame Einsatz von Energie und Rohstoffe, die nachhaltige Nutzung von erneuerbaren Ressourcen, die Minimierung umweltschädlicher Auswirkungen, die Vermeidung von Abfällen, sowie die gefahrlose umweltverträgliche Entsorgung des Restabfalls zu berücksichtigen".[38] Um dieses Ziel zu erreichen, kommen Umweltmanagement-Systeme zum Einsatz.

- **Vorsorge für Notfälle**

Höchste Priorität im Falle einer Betriebsstörung, gilt dem Schutz von Gesundheit und Umwelt. Für Störfälle wurden Notfallpläne erstellt, unter Berücksichtigung werküberschreitender Auswirkungen, welche laufend an die aktuellen Erkenntnisse angepasst werden.

- **Umweltverträgliche Fahrzeuge**

Um der Verantwortung für die Gesundheit der Menschen und des natürlichen Lebensraums gerecht zu werden, kommen neueste Technologien zur Erhöhung der Sicherheit und zur Minderung der Abgasemissionen, der Geräuschemissionen und des Kraftstoffverbrauchs zum Einsatz. Durch optimale Konstruktion der Produkte wird sichergestellt, dass die Auswirkungen auf die Umwelt möglichst gering gehalten werden. Dazu

---

[38] Vgl. Umweltleitlinien der BMW Group, S. 8

zählen der Einsatz alternativer Antriebe sowie Dienstleistungen, die über das Fahrzeug hinausgehen und nachhaltig die Mobilität unterstützen.

- **Recycling**

Um Abfall zu vermeiden werden Konzepte zum Recycling von Altfahrzeugen erarbeitet und in der Praxis umgesetzt. Ziel ist dabei „die recyclingoptimierte Produktgestaltung und den Einsatz von Sekundär-Rohstoffen weiter voranzutreiben, um damit den Gesamtverbrauch an Energie und Ressourcen aus Produktion und Betrieb zu vermindern und Stoffkreisläufe zu schließen".[39]

- **Mobilität für die Zukunft**

Oberstes Ziel von BWM Group ist es, Verkehrskonzepte und Verkehrstechnologien zu entwickeln, mit dem Ziel die Mobilität zu erhalten ohne die Lebensqualität der Menschen negativ zu beeinflussen. Dies geschieht durch enge Zusammenarbeit von BMW Group mit allen Bereichen aus Politik, Gesellschaft und Verwaltung.

- **Einbeziehung von Lieferanten**

Die Lieferanten der BMW Group werden in die umweltpolitischen Ziele mit einbezogen, gefördert und auch motiviert. Nur so kann ein effizienter Umgang mit Ressourcen und der Erhalt des Ökosystems realisiert werden. Im Hinblick auf die Produkt-Umweltverträglichkeit wird von den Lieferanten die Einhaltung der gesetzlichen Vorgaben und des BMW Group Nachhaltigkeits-Standards gefordert. Zur Gewährleistung der Prozess-Umweltverträglichkeit erwartet man von den Lieferanten ein zertifiziertes Umweltmanagementsystem nach DIN ISO 14001 oder ein davon abgeleitetes, anerkanntes und zertifiziertes Umweltmanagement-System für den Produktionsstandard.

---

[39] Vgl. Umweltleitlinien BMW Group, S. 9

4.4 ECO-Management and Audit Scheme / EMAS

EMAS steht für "Eco-Management und Audit Scheme". EMAS ist ein freiwilliges Instrument der Europäischen Union, das Unternehmen und Organisationen jeder Größe und Branche dabei unterstützt, ihre Umweltleistung kontinuierlich zu verbessern. EMAS ist somit ein von der EG 1993 entwickeltes Instrument für Unternehmen zur Verbesserung ihrer freiwilligen Umweltleistung. Die aktuelle Rechtsprechung ist die Verordnung (EG) Nr. 1221/2009.

EMAS geht jedoch über ein reines Managementsystem hinaus. Es ist leistungsorientiert, d.h. der Betrieb soll sich über die umweltgesetzlichen Anforderungen hinaus verbessern. In den Prozess der kontinuierlichen Verbesserung der Umweltleistung müssen die Beschäftigten einbezogen werden. Dies soll dazu führen, dass die Mitarbeiter sich mit dem Thema Umweltschutz identifizieren, das Umweltmanagement soll „gelebt" werden und zur Identifizierung der Arbeitnehmer mit den Umweltschutzinteressen des Unternehmens führen. Der Betrieb ist verpflichtet eine Umwelterklärung zu erstellen, in welcher die umweltrelevanten Tätigkeiten und die Daten zur Umwelt, wie Ressourcen- und Energieverbrauch, Emission, Abfälle usw. genau dargestellt werden.

Bei EMAS ist eine Umweltprüfung, und nachfolgend wiederkehrende Umweltbetriebsprüfungen durchzuführen. Die Dokumente werden von einem unabhängigen, staatlich zugelassenen Umweltgutachter beurteilt. Dieser überprüft nicht nur die Einhaltung formeller Regeln sondern auch die echte Umweltleistung. Geprüft wird, ob alle Umweltrechtsvorschriften eingehalten wurden und die selbst gesteckten Ziele erreicht werden. Diese Prüfung ist regelmäßig, spätestens alle drei Jahre zu wiederholen. Bei Registrierung, sind die Unternehmen berechtigt das EMAS-LOGO zu benutzen.

EMAS III

Am 11. Januar 2010 trat eine neue EG-Verordnung (Nr. 1221/2009, kurz als EMAS III bezeichnet) in Kraft, mit der die zuvor geltenden Regelungen zusammengefasst und verändert wurden. Die bedeutendste Änderung durch EMAS III betrifft Erleichterungen für kleine und mittlere Unternehmen.

Sie müssen ihre Umwelterklärung nur alle zwei Jahre (statt jährlich) aktualisieren und nur alle vier (statt drei) Jahre durch einen Gutachter validieren lassen. Außerdem konkretisiert die EMAS-III-Verordnung die Anforderungen an den Inhalt der Umwelterklärung, erweitert den Anwendungsbereich der Verordnung auf Unternehmen außerhalb der EU und verpflichtet die Mitgliedsstaaten, die Verbreitung von EMAS zu unterstützen.[40]

Umweltauditgesetz (UAG)

Das UAG bedeutet: „Gesetz zur Ausführung der Verordnung (EG) Nr. 1221/2009 des Europäischen Parlaments und des Rates vom 25. November 2009 über die freiwillige Teilnahme von Organisationen an einem Gemeinschaftssystem für Umweltmanagement und Umweltbetriebsprüfung und zur Aufhebung der Verordnung (EG) Nr. 761/2001, sowie der Beschlüsse der Kommission 2001/681EG und 2006/193/EG (Umweltauditgesetz - UAG) in der Fassung der Bekanntmachung vom 04. September 2002 (BGBl. I S. 3490), das zuletzt durch Artikel 64 des Gesetzes vom 29. März 2017 (BGBl. I S. 626) geändert worden ist."

Das Umweltauditgesetz ist am 15. Dezember 1995 in Kraft getreten und setzt für Deutschland wesentliche Teile des Europäischen Umweltmanagementsystems EMAS um. Es wurde von der Europäischen Union entwickelt und ist ein Gemeinschaftssystem aus Umweltmanagement und Umweltbetriebsprüfung für Organisationen, die ihre Umweltleistung verbessern wollen. Die Teilnahme von Organisationen ist freiwillig. Die Umweltprobleme unserer Zeit haben mittlerweile ein so großes Ausmaß angenommen, dass der richtige Umgang mit der Natur zu einer der größten Herausforderungen geworden ist. Die Unternehmen sind der entscheidende Schlüssel zur Umsetzung ökologischer Ziele.

Auch hierzu wurde das Umweltauditgesetz beschlossen, welches auch die Zulassung und Aufsicht der Umweltgutachter regelt. Das Hauptziel besteht in der „kontinuierlichen Verbesserung des betrieblichen Umweltschutzes".[41]

---

[40] Vgl. https://de.wikipedia.org/wiki/Eco_Management_and_Audit_Scheme
[41] Vgl. Öko Audit Verordnung, Art. 1

4.5   Produktionsprozesse der BMW Group

In der Umwelterklärung der BMW Group werden verschiedene Produktionsprozesse bei der Fertigung eines Automobils aufgezeigt.

Karosseriebau

Der Karosseriebau ist der Teil der Produktion mit dem höchsten Automatisierungsgrad, hier werden bis zu 500 Teile zu einer lackierfertigen Karosserie zusammengefügt. Durch Schweißen, Kleben oder Punktschweiß-Kleben aber auch durch Nieten, Clinchen und Schrauben werden die vielen Einzelteile miteinander verbunden. Der Prozess beginnt mit dem Zusammenheften der Einzelteile zu sogenannten Unterzusammenbauten. In verschiedenen Schweißanlagen, die mittels einer automatisierten Fördertechnik verbunden sind, entstehen Bodengruppen, Seitenrahmen sowie auch Türen und Klappen. Die Karosserie nimmt im weiteren Verlauf der Fertigung langsam Gestalt an. Die Bodengruppen werden mit Seitenrahmen und Dach zum Karosseriegerippe zusammengefügt. Hier sind überwiegend Industrieroboter im Einsatz, die neben den Laser-, Punkt-, Schutzgas- und Bolzen Schweißungen auch die Versiegelung und den Klebstoff auftragen. Durch das Schweißen entstehen Emissionen wie Schweißrauch, Staub, Partikel welche durch Lüftungsanlagen abgesaugt werden, da diese auch sehr gefährlich für den Mitarbeiter sein können. Diese Abzugsanlagen kosten wiederum Energie und erzeugen weitere Lärmbelästigung, genau wie auch das Schweißen durch die Roboter. BMW löst dieses Problem durch den Einsatz energieeffizienter Roboter, Minimierung der Kühlung von Steuergeräten, Einsatz von Wasser-Rückkühlsystemen für Schweißelektroden.

Beim Schweißen entsteht auch Abfall, wie z.B. die Elektrodenkappenabfälle welche in den Recyclingprozess zurückgeführt werden.

Die Vorgelieröfen fürs Kleben erzeugen $CO_2/CO/NO_x$ Emissionen. Durch den Einsatz lösemittelfreier Klebstoffe ist man bestrebt lösemittelhaltige Abluft zu vermeiden. In thermischer Nachverbrennung wird die Klebstofftrocknerabluft von Öldämpfen gereinigt und es kommen vermehrt Klebstoffe zum Einsatz welche keinen zusätzlichen Wärmeprozess benötigen.

Klebstoffreste werden durch optimierte Entleerung der Behälter reduziert. Auch beim Kleben wird Energie verbraucht, welche in thermischer Nachverbrennung zurückgewonnen wird.[42]

Oberflächenschutz-Lack

Die Fahrzeuglackierung gehört zu dem Produktionsprozess mit der höchsten Umweltrelevanz, aufgrund des hohen Einsatzes von Material, Energie und Wasser. Die fertige Karosserie wird im ersten Schritt heiß entfettet und mit einer dünnen Schicht Zink/Eisen-Phosphat versehen. Daraufhin wird eine Lackschicht aus wässriger Dispersion durch die kathodische Tauchlackierung aufgetragen. Sobald diese getrocknet ist, werden die Nahtabdichtung sowie der Auftrag des Unterbodenschutzes durchgeführt. Nach der Trocknung tragen Roboter die zweite Funktionsschicht auf, die auch einen Trocknungsprozess durchlaufen muss. Im Anschluss erhält die Karosserie in der Decklackierstraße die gewünschte Farbe. Nach einer kurzen Trockenzeit wird die schützende Klarlackschicht aufgetragen. Bevor die Karosserie zur Montage freigegeben wird, werden die Hohlräume mit einer Wachsdispersion ausgesprüht, damit sich das Wachs gut in den Hohlräumen verteilen kann. Bei der Vorbehandlung der Karosserie wird sehr viel Wasser verbraucht und es gelangen Stoffe wie Öle, Schwermetalle, Tenside und Phosphate ins Wasser. Dies versucht man zu verhindern durch Wasserrecycling, Mehrfachspülungen und Abwasserbehandlungsanlagen.

Beim Lackieren gelangen Lösemittel, Staub und Partikel, welche für Umwelt und Mensch schädlich sind, in die Luft. Aktivitäten dagegen sind der Einsatz von Venturiwäschern bei Spritzkabinen, Einsatz von Wasserbasislacken für jede Lackschicht, Hohlraumkonservierung mit wässrigem Wachs, Reduzierung des Reinigungsmittelverbrauchs, keine Transportkonservierung.

Die anfallenden Lackschlämme und Lösemittelrückstände werden entwässert bzw. verwertet. Durch den sparsamen Einsatz von Oversprays wird das Abfallaufkommen zusätzlich reduziert.

Die technischen Anlagen verbrauchen eine Menge an Energie und erzeugen Lärm. Wichtig ist hier der Einsatz von Wärmerückgewinnung, prozessgesteuerte Regelungen, drehzahlgerechte Ventilatoren, bedarfsabhängiges Ein-/Ausschalten.

---

[42] Vgl. Umweltleitlinien der BMW Group, S. 15

Beim Trocknen entstehen Abgase, welche durch thermische Reinigungsverfahren minimiert werden können.[43]

Montage

In der Montage werden die lackierten Karosserien zu individuellen Wunschfahrzeugen zusammengebaut. Ein ausgeklügeltes Logistiksystem ist dazu erforderlich, um die erforderlichen Teile und Komponenten punktegenau an den Montagebändern antreffen zu lassen. In der Vormontage werden Motor, Getriebe, Vorder- und Hinterachse zum Antriebsstrang zusammengesetzt und dann in der Endmontage mit der Karosserie verschraubt. Sobald das Fahrzeug fahrbereit ist, wird dieses betankt und auf dem Rollenprüfstand geprüft. Bei der Befüllung des Fahrzeugs werden schädliche Stoffe wie Kraftstoff, Bremsflüssigkeit, Kühlwasser, Scheibenwaschwasser, Hydro-Lenk Öl verwendet. Durch die Betankung entstehen Kraftstoffgase, welche durch Schlauchabsaugung und Gaspendelung reduziert werden sollen. Beim Verbau der Komponenten entsteht Abfall durch die Verpackungsmaterialien. Wichtig ist hier der Einsatz von recycelbaren Verpackungen, Trennung der Verpackung und optimierte Mehrwegverpackungs-Systeme. Bei der Dichtheitsprüfung wird Wasser verbraucht, welches durch eine Wasserkreislaufführung für Dichtprüfkabinen umweltgerecht geregelt wird.[44]

4.6   Umweltaktivitäten im Bereich Energieverbrauch und Emissionen

Die BMW Group hat sich zum Ziel gesetzt sowohl den Energieverbrauch als auch die Emissionen so gering wie möglich zu halten.

Im Rahmen des Energieprojekts werden folgende Ziele gesetzt:

- Die systematische Senkung des Energieverbrauchs je produziertem Fahrzeug (z.B. durch optimierte Laufzeiten der Prüfstände, Kalttests in der Produktion)
- die effiziente Energienutzung und wo immer möglich die Rückgewinnung von Energie (z.B. Einsatz von energieeffizienten Pumpen, Abwärmenutzung, Einsatz zentraler Leit-Technik, Energiebegehungen)

---

[43] Vgl. Umweltleitlinien der BMW Group, S. 16
[44] Vgl. Umweltleitlinien der BMW Group, S. 17f.

- die Steigerung des Anteils regenerativer Energien (z.B.: Wärmenutzung, Deponiegasnutzung, Einsatz von Solarenergie und Windkraft)

Die stetige Verbesserung des betrieblichen Umweltschutzes „bedeutet bei Emissionen die Entwicklung und Einführung von sowohl emissionsarmen als auch energiesparenden Verfahren, um alle Emissionen so gering wie möglich zu halten."[45] Durch die Einführung von lösemittelarmen bzw. –freien Lackierverfahren konnte der Ausstoß an Luftschadstoffen deutlich reduziert werden. Schon in der Planung wird über Schallprognosen versucht, diese Auswirkungen zu minimieren. Beim Betreiben der Anlagen wird regelmäßig auf die Vermeidung von verhaltensbedingten und technischen Schallemissionen hingewirkt.[46]

4.7   persönliche Einschätzung

Das Umweltmanagement der BMW Group umfasst jeden Arbeitsbereich des Unternehmens und ist sehr detailliert und umfangreich. BMW „lebt" den Umweltschutz; ob dies zu 100 % so durchgeführt wird, kann ich nicht sagen. Das Unternehmen hat sich ein ganz hohes Ziel gesetzt. Durch EMAS werden diese Ziele und Vorgaben auf jeden Fall überprüft. Würden mehrere Unternehmen diesem Beispiel folgen, könnte man der Umweltzerstörung deutlich entgegenwirken. Wir haben nur diesen Planeten Erde. Oberstes Ziel ist es für alle, sowohl für Unternehmen als auch für jeden Einzelnen von uns, den Lebensraum zu schützen für jetzt und auch für die nachfolgenden Generationen.

---

[45] Vgl. Umweltleitlinien der BMW Group, S. 28
[46] Vgl. Umweltleitlinien der BMW Group, S. 27f.

Literaturverzeichnis

Aufgabe C1

Hartmann H.: Materialwirtschaft. Organisation. Planung. Durchführung. Kontrolle, 1993

Jünemann, R.: Materialfluß und Logistik, 1989

Pfohl, H.: Logistiksysteme: Betriebswirtschaftliche Grundlagen, 1995

Kluck, D.: Studienbrief Materialwirtschaft. 6. Auflage. SRH Fernhhochschule Riedlingen. Riedlingen. 2014

Aufgabe C2

KrWG (idF. V. 24. Februar 2012) §3, (21)

http://www4.lubw.baden-wuerttemberg.de/servlet/is/32387/

Günther, E. / Krieger, W.: Entsorgungslogistik. O.A. URL:
http://wirtschaftslexikon.gabler.de/Definition/entsorgungslogistik.html

Kluck, D.: Studienbrief Materialwirtschaft. 6. Auflage. SRH Fernhhochschule Riedlingen. Riedlingen. 2014

Aufgabe C3

Prof. Dr. Jean-Paul Thommen: Managementorientierte Betriebswirtschaftslehre 8. Auflage Versus Verlag

Kleine, O. / Kinkel, S. / Jäger, A.: Flexibilität durch Technologieeinsatz?, Frauenhofer ISI. Karlsruhe 2007

http://www.wirtschaftslexikon24.com/d/produktionsplanungs-und-steuerungssysteme/produktionsplanungs-und-steuerungssysteme.htm

Aufgabe C4

BMW Group Umwelterklärung, BMW Group München 2014

https://de.wikipedia.org/wiki/Umweltschutz

http://www.emas.de/ueber-emas/

https://de.wikipedia.org/wiki/Eco_Management_and_Audit_Scheme

BEI GRIN MACHT SICH IHR WISSEN BEZAHLT

- Wir veröffentlichen Ihre Hausarbeit,
  Bachelor- und Masterarbeit

- Ihr eigenes eBook und Buch -
  weltweit in allen wichtigen Shops

- Verdienen Sie an jedem Verkauf

Jetzt bei www.GRIN.com hochladen und kostenlos publizieren